Madrid

René Schwob

# Tableaux de Madrid

casimiro

casimiro [*casimiroa edulis*]

Texte extrait de René Schwob (Paris, 1895 - Vence, 1946)
*Profondeurs de l'Espagne*
Éditions Bernard Grasset, Paris 1928

En couverture : Francisco de Goya, *Portrait de la duchesse d'Alba en blanc* (détail), 1795, Collection Alba, Palacio de Liria, Madrid.


www.casimirolivres.com

ISBN: 978-84-19524-99-7

# Tableaux de Madrid

## Vélasquez et Goya

Grandeur de la figure humaine. Solennité du corps.

La grande affaire pour Vélasquez, c'est d'être égal à la réalité des êtres.

Cette divinisation de l'homme, cette façon de le porter à sa plus haute échelle et dans le seul but d'en dégager la forme, stupéfie.

On retrouve ici la sobriété du désert de Castille.

Ce n'est plus comme pour Van Dyck en fonction du décor que l'homme se présente. C'est en fonction de l'homme que toute la nature, autour de lui, s'organise.

Il est curieux de constater combien cette grandeur est absente jusque des plus nobles portraits de Rubens. Ses personnages posent. Et autant leurs costumes que leurs visages.

Goya même, si hanté du souvenir de Vélasquez, est pourtant plus soucieux de fixer l'irradiation de la chair et la musique de ses éléments que de dresser la grandiose architecture des corps.

Du Greco, dont toutes les figures ont vocation mystique, à Goya qui les dissout en modulations aériennes, par Vélasquez qui les consacre pour ainsi dire architectoniquement, on assiste à une régression de l'idée de Dieu et du même coup à une prodigieuse métamorphose de l'homme. Chez Goya, toute humanité véritable semble avoir disparu. L'homme y est réduit à son état de bête charnelle. Ainsi plus exactement : du Greco, pour qui les corps n'existent qu'en fonction de leur fin, à Goya pour qui ils ne sont plus qu'une poussière colorée, la peinture et l'âme espagnoles ont accompli une sorte de parfaite révolution.

Voici, au fond des salles caverneuses, la sarabande des *Caprices*. Une si artificielle gaîté, une telle contraction des visages, la contorsion exagérée des corps qui jouent, épouvante. Toutes ces scènes d'un instant, figées pour l'éternité, sont comme les photographies essentielles du périssable.

Goya, plus encore que dans ses célèbres portraits, apparaît à travers ses compositions fantaisistes tel que d'abord on l'imagine. Et puis ces portraits hypocritement vous dissuadent ; mais ce n'est qu'un œ il ouvert sur la grotesque stupidité de l'existence.

Goya est le plus tragique des peintres.

Ce n'est pas par hasard qu'il illustre les Horreurs de la Guerre, c'est par inclination. Je le devine très semblable à

Baudelaire, désespérément tendu vers Dieu qui se dérobe, réduit à reproduire d'un univers agité les scènes les plus pathétiquement insipides. Peintre des éclats de rire dans la fièvre ; et qu'obsède l'inconsistance du monde.

Un attachement si passionné à l'extravagance des choses témoigne, par delà l'objet de ses soins apparents, d'un mysticisme qui n'a point d'aliment, d'une douleur sans remède.

Comment voir dans une telle peinture charme et joie ?

Tous ses personnages, un ver sempiternel y est installé et les dévore. Une telle peinture désole. Elle est le délire d'une âme acharnée.

C'est pourquoi elle semble d'abord si théâtrale. Le monde, pour Goya, se réduit à quelques décors de carton-pâte où des marionnettes surgissent et s'effacent comme dans des hallucinations désespérées.

## Vélasquez

Je ne découvre, dans la peinture de Vélasquez, aucun de ces rythmes où je croyais jusqu'à présent devoir faire tenir le secret de la beauté, mais l'étroitesse d'un naturalisme si strict qu'il déconcerte. Son ampleur ne serait que celle toute matérielle de ses toiles ; à moins que celles-ci ne s'animent en secret d'une puissance qui ne se livre pas.

L'action presque inexplicable de cette netteté, de cette absence d'artifices, de cette copie directe, sans exaltation apparente, d'une nature que tous les autres peintres ont transposée sous ses espèces lyriques, en somme la contradiction qu'un tel art inflige à toutes les habitudes, force l'esprit à se justifier ses abandons.

La noblesse de Vélasquez est peut-être ce qui attache à lui, mais une noblesse qui n'est pas faite seulement de fidélité, d'une ferveur brûlante. Je crois que telle est la nature de son éloquence : une si haute franchise que tout accident y apparaît essentiel, tout ornement liturgique, tout corps divin.

Chez nul autre, je ne trouve une si immédiate transfiguration de la forme humaine. Vélasquez accomplit le miracle en pleine lumière.

La raideur des membres, la fixité de regard de ses personnages a une vertu magique. Comme si le procès de la vie fût suspendu et que l'instant saisi entrât dans l'éternité.

Sa peinture ne s'adresse pas aux sens, ni ne cherche à provoquer le plaisir de l'esprit. Ayant pour objet d'extraire de toutes choses leur noblesse, elle ne vise qu'à hausser l'âme. Elle déconcerte d'abord, car les yeux y cherchent en vain leur nourriture habituelle. Et si elle touche ce n'est que par une apparente exactitude dont bientôt on se lasse. Pour s'y attacher - et alors auprès d'elle toute autre paraît fade, sauf Rembrandt qui fait chanter les ombres de la nuit - il faut plonger sous son absence de charmes. La sévérité s'y achève en une majesté où la faiblesse charnelle n'a point de part. Mais sans doute ne peut-on la comprendre qu'après avoir fait le silence dans son âme. Je tiens pour impossible qu'une âme vulgaire saisisse rien de cette grandeur singulière.

A ce point d'ésotérisme la sécheresse lyrique, l'art de sanctifier la vie, s'élèvent au-dessus de la peinture comme saint Jean de la Croix de toute poésie. Auprès de ses portraits, ceux même d'Holbein semblent tachés de sentimentalisme.

Vélasquez, peintre de cour, est un mystique pur.

Que m'importent auprès de cela les sujets les plus dévots ?

Il y a une manière d'être païen tout en peignant le Christ, à quoi rien n'est plus étranger que la manière d'un Vélasquez ou d'un Cézanne de glorifier Dieu dans ses œuvres vulgaires. Nul panthéisme ; mais une possession du secret des choses qui projette l'esprit hors d'elles, en réduisant à l'état de tracés hiéroglyphiques et comme de courbes rituelles leurs limites. Au lieu de s'y fixer, l'âme accordée y déchiffre un occulte langage. La noblesse de l'esprit dans la noblesse des formes reconnaît Dieu.

Une question se pose qui est de savoir en quoi le *Christ* de Vélasquez serait plus ou moins religieux que tel de ses bouffons difformes, ou s'il le serait de même ; et comment il se fait qu'à première vue il ne touche pas tant.

L'ascèse y est complète. Nul ornement, aucun nuage, nul arbre ; un fond absolu. Non point la Croix sur le Golgotha et l'univers épouvanté, ni la douleur du supplicié. Un corps plus précis, moins transfiguré, semble-t-il, que ceux mêmes de la *Forge de Vulcain* qui pourtant ne le sont guère, un corps de chair ; la chair molle. Mais qui ne tire d'aucune lumière étrangère son éclat. Un corps phosphorescent qui est la lumière du monde. Une chair qui est de l'homme par toute sa pesanteur, mais que Dieu, dans l'intérieur, illumine pour l'éternité.

Aux branches de cette Croix dont l'écriteau est marqué des caractères les plus précis, la lumière même est suspendue.

Auprès de cette condensation périssable du jour, auprès de cette irradiation de la Divinité, la pâleur des personnages de Vélasquez apparaît plus nécessaire, plus symbolique, plus liturgique encore. C'est autour de ce Christ éclatant que son univers s'est organisé, et en fonction de lui.

L'univers de Vélasquez est une assemblée de fidèles dispersés. Et je trouve à cette étonnante réunion de presque toutes ces œuvres dans trois salles contiguës d'un seul musée une espèce de motif surnaturel. Sans elle, le caractère religieux de sa peinture ne se dégagerait point, cette vertu d'un art dont la synthèse sévère se compose sous nos yeux.

Comme chaque portrait est une divinisation du modèle, c'est leur juxtaposition qui donne à son œuvre un caractère œcuménique. L'ordre de leur société mystique, de leur souterraine église, au point de conjonction de leur nature la plus stricte et de leur sainteté, apparaît avec plénitude grâce au miracle qui les a groupés côte à côte, pâles ci immensément agrandis, aux bords de la charnelle et lumineuse nudité du Christ.

On ne peut juger de la grandeur de Vélasquez, et d'abord de ce Christ, qu'en saisissant d'un seul regard l'ensemble de l'œuvre, centrant tous ces visages autour de Jésus sans visage, toutes ces pâleurs autour du soleil qui les nourrit. Et tous alors, qu'ils soient à cheval ou démontés, qu'ils partent pour la chasse ou se disposent pour la cour, silencieux et taciturnes, ils apparaissent tels qu'ils sont, en prière aux pieds du Crucifié.

En quoi consiste donc la noblesse de ces portraits, ce qui en fait des monuments si altiers ? La noblesse de Vélasquez sans doute ! Mais ce sont les détails plastiques qui m'importent. Et déjà j'observe que ces visages ont tous, bien que vraiment de chair et d'os, l'impassibilité des plus mornes statues romanes et même de l'art byzantin. Cette vertu métaphysique qu'il ne semble point arbitraire d'y découvrir, n'est donc point d'ordre psychologique. Elle résulte de leur seule harmonie. Ils ne vont au plus haut point d'eux-mêmes qu'à force de silence dans une extase sans joie.

Ils posent et ne posent pas. La manière dont ils se comportent compte plus que ce qu'ils ont l'air de penser. Une telle puissance de suggestion métaphysique est un effet de leur physiologie ; ou du moins leur physiologie la transmet.

L'abandon d'un bras, la manière d'avancer la jambe, la grâce avec laquelle telle infante tourne la tête, voilà ce qui fixe des types tout en peignant des caractères. Ces grands personnages, exagérant imperceptiblement, ne sont bientôt plus que le résumé de leur tendance la plus forte. Ils se résument plus qu'ils ne vivent. Ils sont les enseignes de leur propre secret.

Sanctification de la vie, me disais-je ? Mais il est maintes manières de la sanctifier. Eux, c'est en suggérant ce qui les constitue en dehors de tout entraînement du milieu, de tout accident et jusque du plaisir. C'est à force de tragique involontaire, à force de n'être que les portraits de la puissance ou de la faiblesse que leur corps est chargé d'accomplir ;

c'est à force d'être dégagés du temps, que ces grands individus se portent à leur éternité, à leur état de corps éternel ; non point forcément de chair heureuse, mais de chair purifiée.

Les personnages de Vélasquez, pareils aux plateaux de Castille, ne participent plus à l'écoulement des choses.

Comme la Castille est du soleil pétrifié, ils sont la pétrification de leurs profonds instincts, de leur personnalité essentielle.

Ils ne s'abandonnent à l'entraînement des heures ni de leurs sens, imposant au contraire à ce qui les entoure le pli, la couleur, le volume par lesquels ils se caractérisent. Et ce sont généralement des volumes allongés, des couleurs grises.

Leur dépouillement les sanctifie.

Ici nous rejoignons l'Afrique, dont la vertu est de réduire au minimum tous les besoins.

Portraits austères comme ceux des jansénistes de Philippe de Champaigne, mais non point comme eux hostiles au monde. Schémas si l'on veut, mais sans être abstraits comme des arabesques de mosquées.

Simplifications catholiques, auxquelles la nature participe par la vertu qui permet à l'homme d'agir sur elle (cette espèce d'influence spontanée exercée par l'homme le plus humain, je veux dire le plus actif et le plus religieux - le plus volontaire quand même il n'agit point ; en somme le plus catholique par sa volonté d'être soi malgré soi).

A la différence de la plupart des grands portraitistes Vélasquez entoure ses personnages d'objets familiers ou de paysages ; mais de telle sorte que leur présence ne manifeste que leur propre effacement.

Il imprime l'humilité, qui est une de ses grandeurs, à ce qui entoure l'homme.

Exagérant sa qualité la plus secrète et la moins temporelle, amoindrissant toute réalité auprès de la sienne, auprès de la réalité invisible de son esprit ; impérieux et exclusif, intransigeant malgré sa douceur et son calme apparent, c'est par le sens aigu de la hiérarchie des valeurs que ce réaliste atteint à un si haut lyrisme. Rien, autour de l'homme, ne vit plus que dans la soumission à l'homme. L'homme lui-même, plus grand que nature, immense et en qui toute la toile se résorbe, est tel qu'il apparaîtra quand se sera enfoncé dans le silence et dans la mort l'accident qui le dénature.

Les grands portraits de Vélasquez sont une vivante affirmation de l'ordre du monde, de la domination de l'esprit sur toutes choses.

Bien mieux ! Ses fous et ses nains sont moins difformes que profondément humains, tant, pour Vélasquez, la souffrance et la disgrâce n'apparaissaient en vérité qu'une occasion supplémentaire de se dérober au contingent, de s'approfondir, de se creuser jusqu'à l'essence.

## Titien, le Tintoret et Vélasquez

Si toutes les toiles du Titien, ici, sont admirables, quelle distance néanmoins d'elles à Vélasquez !

Plus que les caractères de leurs plastiques, ce qui les sépare c'est d'abord l'incompatibilité de leurs attitudes philosophiques.

L'attitude philosophique de tout homme dessinerait donc l'essentiel de sa figure. Même, je serais tenté de croire que le tempérament d'un artiste et jusqu'à sa plastique, les raisons qui lui font choisir telles couleurs et négliger telles autres, poursuivre, plus encore que tel sujet dont le choix est artificiel, telle harmonie particulière, se résolvent en tendances métaphysiques conscientes ou ignorées.

Titien ne serait pas Titien, si le fond de sa nature (et quoiqu'il ait peint un bien plus grand nombre de sujets religieux que Vélasquez), n'était païen et plus précisément panthéiste. L'égale importance qu'ont dans chacune de ses œuvres les différentes parties qui les constituent, les équivalentes sollicitations qu'elles offrent à l'esprit, voilà par quoi il diffère surtout d'un Vélasquez.

Où Titien juxtapose, Vélasquez subordonne.

Avant même d'être absorbé dans la vérité catholique, le besoin de son ordre qui instinctivement m'orientait, forçait mon esprit, malgré qu'il en eût, d'aimer ou de haïr, de choisir avec une précision à lui-même injustifiée. Le fondement de mes goûts et la vivante raison qui les informait, c'était l'obscur besoin de retrouver dans une œuvre la trace plus que de beauté sensuelle, d'une hiérarchie spirituelle que pourtant j'ignorais. Outre la médiocrité relative de ses toiles vénitiennes, les faibles lumières que j'avais de moi-même m'expliquent enfin pourquoi Titien à Venise m'a tant déçu. Tandis qu'à présent les progrès de la grâce m'ayant délivré me permettent de le mieux accueillir ; car la secrète exigence enracinée aux profondeurs de l'âme, accorde sa vaste paix lorsque l'esprit est parvenu jusqu'à ses raisons métaphysiques ; lorsque tendances jusqu'alors inexplicables, et goûts apparemment immotivés, ont trouvé, dans une conscience enfin lucide, leur résolution religieuse.

*Portrait de Charles Quint* ? Mais tout autant de son casque et de son épée, de son armure et de son cheval.

Une si enchanteresse anarchie irrite à proportion de ses enchantements. Le tableau est admirable de composition, de vie, et de vraisemblance. Mais plus faux et plus réaliste et, pour tout dire, moins lyrique que le plus précis des Vélasquez.

Toute cette peinture aboutit à la fallacieuse indifférence de l'objectif. Je ne dis pas que ce ne soit pas là un des sommets de l'art humain ; mais c'est un sommet où toutes mes aspirations ne sont pas satisfaites, ni toutes mes puissances rassasiées.

Je sens encore une gêne quand je m'y réjouis. Cette peinture du Titien est trop sensuellement enivrante pour qui préfère les pures ivresses de l'esprit.

Glorification païenne de la vie en qui toutes les créatures et les choses elles-mêmes ne se diversifient que par le charme de leurs peaux. Il est vrai que celles-ci chantent avec un tel éclat que Titien en compose une symphonie où l'esprit n'essaie pas tout à fait en vain de pénétrer.

Je goûte au Titien clandestinement et comme au péché.

Avant que je ne reparte à la découverte de Vélasquez, les hasards du musée me proposent le Tintoret dont l'œuvre me passionna dans le temps où d'obscures spontanéités m'éloignaient, malgré moi, du Titien. Et je suis enfin tenté de m'assurer si cette antipathie et ce goût instinctifs obéissaient alors aux mêmes commandements. Il me plairait de confirmer par le Tintoret l'hypothèse d'une métaphysique comme base à nos impulsions les plus irréfléchies.

Or, ce qui distingue les portraits du Tintoret de ceux de Vélasquez, dressés comme des statues auxquelles l'architecture du tableau se subordonne, c'est que le Tintoret confond au contraire ses personnages, dans l'atmosphère qui les entoure. Pour lui, comme pour Vélasquez, rien ne compte que le visage ; mais à la manière d'un plus haut accord musical, comme la résolution d'une nébuleuse.

Les quelques directions indiquées y mènent le regard et l'obscurité du vêtement le force à s'y fixer. Ce n'est pas un visage en fonction duquel le corps et la nature entière s'organisent. C'est un visage en quelque sorte surgi d'une ombre universelle et dont la lumière intérieure serait parvenue à vaincre les ténèbres.

La différence avec Vélasquez apparaît déjà considérable ; ce qui ne les empêche pas d'être, bien que différemment, peintres religieux.

Et voici déjà deux manières de révéler le divin : dans la forme maîtresse d'elle-même et du monde, dans celle qui tend à le devenir.

Les Vénitiens du XVI^e^ siècle n'ont point encore atteint, et leurs successeurs ne pourront plus aspirer au degré de maturité d'un Vélasquez. Ce qui constitue, d'une manière très générale, la grandeur de leur peinture, c'est l'art avec lequel ils font rebondir jusqu'à la figure centrale de toute composition, pareille à une Venise omniprésente au milieu de ses eaux, les courbes dont le tableau même se compose.

Une grande toile vénitienne offre un équivalent plastique de l'âme indécise entre tant de splendeurs qui se proposent. Au lieu d'être une vue sur l'âme sanctifiée, une fixation pour l'éternité de l'essence de chaque être, elle offre les travaux d'une âme instable qui s'organise avec violence ou nonchalance.

Les visages des portraits du Tintoret percent les ténèbres, mais après une longue flânerie dans la ténèbre reposante. Et cette lumière même, si elle éclate au milieu de la nuit, c'est plus souvent comme une rose que comme un ordre impérieux.

Les meilleurs Vénitiens, les tableaux les plus religieux de leurs païens les plus charmants, ne sont jamais lyriques qu'à travers des caresses où l'énergie est déroutée.

Ils offrent plutôt des tentations imparfaites de Dieu que cet éclatant refus de Vélasquez à tout ce qui n'est pas sa gloire seule.

Le rythme presque cinématographique de certains Tintoret n'est encore qu'une manière de s'attarder.

L'univers vénitien, quand il n'est pas exclusivement païen est sans cesse engagé dans les chaînes délicieuses des sens. Mais tandis que presque toujours Titien s'y abandonne, le Tintoret - et c'est l'essence de son tragique - lutte contre l'enroulement des incantations qu'il propage. Il y a là un heurt, un chaos hérissé de cris où l'on perçoit les efforts les plus pathétiques d'une âme pour dominer la séduction du monde.

La grandeur de Venise n'est point dans son incomparable lumière, mais dans le vertige qu'offre à l'esprit attentif cette architecture sur les eaux. Plus qu'aucune autre, la peinture vénitienne, et singulièrement celle du Tintoret, présente l'équivalent plastique d'une spéculation périlleuse.

Elle présente aussi, à sa manière, une vue sur Dieu. Mais c'est par le seul jeu des courbes qui se correspondent et qui s'affrontent - par l'opposition de ses volumes colorés. Elle est l'éloquence d'une beauté sur le point de connaître son ordre ; ou peut-être d'une richesse tendant à sa simplicité.

A la différence du Titien, le Tintoret n'est pas volontiers sensuel. Il ne traite jamais aucun détail pour le plaisir qu'il lui vaudrait. La sensualité d'une peinture serait donc en proportion de la dilection du peintre pour chaque fragment de sa peinture. Pour le Tintoret rien n'a d'importance qu'en vue du mouvement de l'ensemble.

Et si, à la différence de Vélasquez, l'effet final n'est pas celui d'un esprit absolument maître du monde et de soi, il se résout pourtant dans l'unité dynamique d'un instable et comme futur dessin.

Les détails pour le Tintoret sont les lignes de force de ces grandes combinaisons au cœur desquelles il se débat. C'est dans ce sens qu'un tableau du Tintoret, si acrobatique qu'il puisse être et si païen, est toujours religieux, dans ce sens que ses plus beaux nus, ses draperies, tel arbre ou tel accessoire de ménage, ont exactement la même importance.

Par le procédé inverse de Vélasquez un identique résultat est atteint : toute la création se subordonne à l'esprit. Mais tandis que, dans les toiles de Vélasquez, c'est à un esprit apparent, celui du personnage représenté, dans celles du Tintoret c'est à celui même de la composition qui organise de l'intérieur, et visiblement, son univers.

Scène extraordinaire de la *Chasteté de Joseph*. Le nu de la femme de Putiphar si potelé, si charnel et si vivant, n'a pourtant aux yeux du spectateur d'autre raison que d'être une ondulation lumineuse, que le voile prolonge, si bien que l'attention, au lieu de s'y fixer rebondit sur le personnage de Joseph et sur les draperies de l'alcôve.

Titien eut-il traité pareille scène, tous les détails auraient eu encore cette espèce d'égalité qu'ils possèdent ici, mais pour attirer successivement à soi le regard et le séduire. Dans le Titien, l'égalité des détails est une anarchie sensuelle et païenne, une juxtaposition d'éclatantes beautés, la répartition universelle et immodeste, l'égoïsme de la grâce, tandis que dans les Tintoret les détails les plus ravissants se recueillent dans une égale modestie ; et leurs splendeurs diverses soumettent au rythme de l'ensemble leur propre rythme, acceptant leur subordination et la manifestant dans l'unité qui les enveloppe toutes, dans les rimes plastiques qui les font signifier qu'elles n'existent pas en fonction de soi seul ; mais en vue de quelque communion plus haute.

Au lieu de solliciter l'admiration, les plus heureux morceaux du Tintoret la conduisent ailleurs, la détournent de se reposer avant d'avoir décrit toute l'architecture dont ils se conviennent fragments.

Peinture moins humainement mystique que la peinture d'un Vélasquez, mais - grâce à cette merveilleuse humilité qui la cristallise - grâce aussi à cet esprit intérieur partout présent et sans cesse grandissant, ardemment exaltante et religieuse.

Peut-être n'y a-t-il en définitive que deux sortes d'esprits : ceux qui conçoivent les détails en vue d'un tout qui les dépasse, ceux qui s'arrêtent aux détails. La question serait donc de déterminer à partir de quel point un détail cesse d'être un détail. Il est certes bien étrange qu'un petit coffret de Chardin me vaille une impression de plus haute spiritualité, qu'aucun nu du Titien.

Un des moyens de suggérer l'esprit est peut-être l'usage de ces accords qui expriment en même temps que l'humilité, l'ordre des lignes, des couleurs, et des masses ; comme leur absence, l'orgueil de formes qui se suffisent, et de celui qui les peignit. La vertu religieuse d'une peinture serait son humilité, mais sous des espèces purement plastiques. L'humilité et l'esprit de synthèse se confondant ici.

D'ailleurs la grandeur d'une âme est effet de la grâce toute pure.

C'est pourquoi jamais, ni les imitateurs d'un grand peintre, ni même les copistes les plus méticuleux, ne seront de grands peintres.

Un accord mystérieux lie l'humilité profonde à la nouveauté d'une expression, l'authenticité secrète au tremblement, à la vie des courbes par lesquelles elle est susceptible de se manifester à travers quelqu'image.

Et c'est enfin pourquoi la religion cachée s'épanche d'une œuvre qui la contient, sans qu'il y ait besoin d'aucun rapport explicite entre cette œuvre et les paraboles de l'Evangile.

Il y a donc deux sortes d'arts inégalement religieux : l'art spontanément religieux, c'est l'art des âmes humbles ; et l'art qui, tout en présentant des sujets religieux, est moin humble que l'autre. L'un édifie l'esprit intérieur, l'autre, parfois, les seuls yeux.

Où [Maurice] Denis échoue, le douanier [Rousseau] réussit.

La plus haute expression plastique de la métaphysique et si l'on peut dire la morale plastique, la plus haute suggestion morale que la plastique puisse exercer, c'est un organisme d'allitérations internes, une combinaison fermée, un système d'équations.

Sur le plan esthétique, les seuls moyens esthétiques sont doués de toutes les vertus.

Le péché, la laideur, c'est donc la copie du visible que l'esprit de synthèse n'a pas transfiguré.

Ainsi l'unité colorée d'un tableau du Titien est tout de même une manière de synthèse.

Etendant encore cette conception, on voit que nul artiste véritable ne peut être dit exclusivement païen. Seulement il y a des degrés divers dans l'humilité, des étapes dans la communion.

Titien, si païen que le fasse son attachement au détail, chante la création par ce mystérieux lyrisme de l'unité de ton. Et c'est par là que se justifie le charme que, si étranger qu'on y soit, on ne peut s'empêcher d'éprouver devant les plus beaux de ses chefs-d'œuvre. Il y a une espèce de pathétique pressentiment des au delàs de l'anarchie, une involontaire prosternation, et comme un acte d'amour à peine formulé, vague encore, mais irrésistible, une humilité à peine consciente, la soumission de la chair à la toute-puissante, à l'invisible unité de l'esprit, en somme le pressentiment d'une sanctification des sens eux-mêmes.

Auprès de ces réussites vénitiennes, le portrait de Marguerite d'Autriche témoigne de la grandeur plus sublime d'un Vélasquez. A l'unité de ton s'ajoute ici un enveloppement et un encensement du visage par toutes les masses qui l'entourent, dont la solidité, comme dissoute, s'est faite une vaporeuse et concrète fumée.

Par une magie semblable à celle qui fait apparaître l'hostie plus blanche, au milieu des nuages de l'encens et des ornements d'or dont l'autel est chargé, ce portrait est la transposition plastique d'un salut du Saint-Sacrement.

Rapports intérieurs grâce auxquels les formes, ainsi que l'esprit qui les organise, confessent leurs subordinations réciproques, voilà donc le secret de beautés si diverses.

Et pourtant, dans l'art de Véronèse, je distingue encore un élément nouveau. L'étrange unité de tous ses personnages tient d'abord à ce que tous leurs regards fuient ensemble le spectateur. L'effet auquel n'atteignent ni les grandes gesticulations, ni ces architectures merveilleuses, la ligne des regards le produit.

Le mouvement et l'émotion se ramènent aux échanges qu'accomplissent les yeux des divers personnages. Et comme chacun d'eux est tourné vers quelque autre, que nul ne s'enferme en soi, l'impression finale, malgré toute la richesse matérielle dont ils s'entourent, est tout de même d'une harmonie spirituelle.

Mais les grands portraits de Véronèse, leurs yeux vous fixent et vous suivent. Et c'est une nouvelle façon d'être humble que ces portraits nous livrent. Les costumes trop brodés écrasent et dissimulent les personnages. Ils évoquent spontanément la société, la civilisation qu'ils figurent. Ce n'est pas à eux qu'ils attirent et retiennent l'esprit. Ils perpétuent la splendeur d'un monde disparu et, du même coup, dessinent la fragilité de ses acteurs.

Un seul besoin : celui d'accabler l'homme sous la richesse des produits de son temps ; l'opposé de Vélasquez, qui jamais n'introduisit dans ses toiles aucun élément qui eut nui à son unique grandeur, austère et nue.

Mais comme ce sont là encore œuvres humaines, l'esprit s'en trouve d'une certaine manière à l'honneur. L'ordre qui s'en dégage est au second degré. Ainsi cette peinture, d'apparence si sensuelle, l'est fort peu, exaltant les étoffes, les marbres, les jardins, pour déprécier les chairs, ne mettant celles-ci en valeur qu'à l'aide des produits de l'art.

Peinture à sa manière, qui sera celle des églises jésuites et rococo, frénétiquement humble, et dont une sorte de muet complot déroule et constitue le rythme intérieur.

Prélude encore à demi religieux à la prochaine souveraineté du monde.

## VÉLASQUEZ

La sévérité de Vélasquez, certains jours, déconcerte. On ne comprend plus qu'à propos d'un tel art, le mot " religieux " puisse être prononcé. Ce sont les portraits les plus exacts, les corps les plus solides, les plus franches images, que main humaine ait tracés.

Mais mystiques ?

L'hypothèse de ces tableaux dans une église serait à elle seule une profanation. Ces personnages, sinon charnels, semblent tout d'un coup si peu transposés, qu'on doute si plus qu'une simple curiosité psychologique anima celui qui les peignit. La manière dont Vélasquez célèbre la charité, n'est-ce pas d'abord ce qu'il faudrait approfondir ?

Et voilà qu'il suffit d'approcher pour que, de nouveau, l'émotion se déclenche.

La finesse des visages, la fluidité violente des vêtements auprès de leur calme retenue, pose de nouvelles interrogations.

Le calme de Vélasquez n'est qu'apparent. Sa profonde originalité c'est peut-être d'avouer le contraire de ce qu'il a l'air de peindre.

Mais à peine s'imagine-t-on d'en avoir saisi un fil que déjà il s'échappe.

Ces toiles sont différentes de près ou de loin. Alternativement elles émeuvent ; puis ne touchent plus.

Cette grande franchise de Vélasquez, quand on se penche sur elle, c'est le plus inavoué des secrets qu'on y pressent. Son austérité est pleine de motifs, son impassibilité de frissons.

De mystérieux refoulements se cachent sous le voile le moins agité, un tremblement de confession indéfinie derrière la sérénité d'un visage que nul trait n'accentue.

Et pourtant, quoi de moins subjectif ?

Si, une fois de plus, le regard embrasse tous les portraits de cette immense salle, une assemblée si humaine porte l'âme à son extrême pointe.

Aucun rythme du Tintoret, aucune séduction de Titien n'a décidément une pareille vertu.

Plus on s'attache aux détails, et plus on s'émerveille. Sur toute l'étendue de ces toiles, les visages exceptés, on découvre un tissu de petits points, de petits traits, de formes décomposées, que le premier coup d'œil n'a pu saisir. Un papillotement qui surprend d'autant plus que la solidité est essentielle à ce peintre.

L'impression de placide possession de soi, de domination de l'esprit - car décidément il faut y revenir - l'éternité de tous ces visages, c'est à travers un monde en pleine cristallisation qu'on la voit se produire. La seule forme qui ne procède point du temps. La sensible apparence de l'âme.

Peut-être est-ce pour cela que les photos ou les gravures d'après Vélasquez disent si peu. Toute la vie de ces toiles, la seule assemblée des touches de couleurs la compose. Il n'y a point de rythme apparent. Le réalisme de Vélasquez tient dans une absence totale de rimes perceptibles, dans l'humble acceptation de ses modèles. Mais il n'est réaliste que dans la mesure où il se soumet à leurs silhouettes. La vie véritable, c'est par une infinité d'approximations qu'il la suggère.

Economie des gestes. Le corps le plus pesant engendre un schéma presqu'abstrait.

Tout le papillottement de touches dont la toile est couverte aboutit à l'uniformité un peu morne du visage. La pesanteur charnelle n'est plus que le soutien de l'esprit qui l'anime. Cette grande discrétion de Vélasquez, voilà son éloquence. L'âme ici est la forme du corps.

Si l'on descend vers Zurbaran, malgré un semblant de parenté, on ne trouve rien de tel. Les corps n'existent plus. Ce sont blancheurs surnaturelles qui communiquent avec le ciel. Les personnages de Vélasquez ne sont point dans une si étroite relation. Dieu ne se dégage des formes qu'il peint que par la grande humilité avec laquelle elles tracent un geste dans l'espace, où peut-être toute l'essence de leur vic se condense. Dieu est dans ce mystérieux synchronisme du visage dépouillé et de la silhouette du corps.

Quant à Ribéra, ses poses excessives signifient un excès de vie intérieure et d'exaltation. C'est lorsque Vélasquez est réaliste, par crainte de tomber dans l'emphase, que, du même coup, il est religieux. Il est lyrique à force d'éviter de l'être. Dans son pays même, un homme isolé.

Comme pour me confirmer, on vient de découvrir un portrait de nonne peint par Vélasquez dans sa jeunesse. Au sommet du tableau on lit :

*Bonum est prestolari*
*Cum silentio salutare Dei.*

La nonne tient un crucifix. Et déjà toute la sobriété des plus beaux Vélasquez se concentre dans ce muet colloque de l'âme avec son Dieu.

Au milieu des Greco et des Morales, cette manière d'être religieux sans peindre aucune scène précise où Dieu agit, fût-ce par un regard, surprend.

Et la question ne semble plus être si les Vélasquez du Prado pourraient sans profanation figurer dans une église, mais de savoir si, dans les lieux pour lesquels ils étaient faits, ils pas l'esprit, de même qu'ailleurs des nus de Rubens, à la méditation des choses divines.

Il faudrait moins diviser les arts selon leurs sujets que d'après les tendances qu'ils favorisent dans l'âme.

Les œuvres religieuses seraient donc toutes celles susceptibles de révéler Dieu dans l'harmonie des lieux qui les contiennent. En somme, des moyens plus ou moins explicites de mettre en présence de l'Eternel.

Il est clair que le portrait de Marianne d'Autriche serait plus déplacé dans un temple que celui de cette nonne. Et pourtant, sauf la présence du crucifix, y a-t-il entre elles différence si grande ? D'ailleurs, un crucifix fût-il auprès de l'infante, le caractère de cette œuvre n'en serait pas inévitablement changé. Un tableau d'église doit peindre au contraire, avec évidence, l'intimité divine. Et, dans un certain sens, on peut dire que rien n'est plus loin d'un tableau d'église qu'un portrait religieux qui n'aurait d'autre but que de glorifier le personnage représenté.

Mais rien, à l'inverse, n'en approche davantage si ce personnage laisse soupçonner la présence de Dieu en lui et si, par une espèce de regard tourné vers l'intérieur, par le détachement du monde et la fixité de sa contemplation, ou simplement tel geste indéfinissable, loin de se suggérer soi-même dans sa grandeur passagère, il s'évoque hors des contingences qui l'entourent et absorbé déjà dans son éternité.

Quand des personnages de Vélasquez sont couverts de broderies, ou qu'ils tiennent à la main un mouchoir, un fusil, leur regard les situe pourtant dans un monde où ces accessoires perdent leur valeur propre.

Dans l'effacement du décor, l'appel jeté à l'attention du spectateur par tel détail du costume, par tel animal familier du modèle, rendent plus sensible encore l'espèce d'égarement hypnotique où, dans un monde absolu, le visage sans sourire, sans ride, sans densité, est déjà exilé.

Le miracle des portraits de Vélasquez, c'est qu'une si grande précision dans la peinture de l'homme, n'a pour objet et pour effet que d'ébaucher la figure d'un univers secret où règnent, plus peut-être que la charité et que la dévotion, le silence et la stupeur.

Ces immenses personnages couronnés d'un visage sont comme des cierges allumés.

Diego Velázquez, *Christ crucifié*, c. 1632
Museo del Prado, Madrid

Diego Velázquez, *La vénérable Mère Jerónima de la Fuente*, 1620
Museo del Prado, Madrid

Tiziano, *Charles Quint à cheval à Muhlberg*, c. 1547
Museo del Prado, Madrid

Tintoretto, *Joseph et la femme de Potiphar*, c. 1555
Museo del Prado, Madrid

Diego Velázquez, *Les Buveurs*, ou *Le triomphe de Bacchus*, 1629
Museo del Prado, Madrid

El Greco, *Le Martyre de saint Maurice*, 1580-1582
Monasterio de El Escorial, l'Escurial

El Greco, *La Résurrection de Christ*, c. 1598
Museo del Prado, Madrid

Luis de Morales, *Piété*, c. 1565-1570
Museo del Prado, Madrid

Le sens de l'humain ne se creuse jusqu'à son extrême profondeur que si le sens du divin l'accompagne.

Il y a une manière de traiter l'être comme s'il était un tabernacle, et, par contre, une manière de le traiter en vue de ses fins propres, qui trahissent deux conceptions opposées de la vie. Et les artistes n'ont pour mission que d'en faire vibrer tous les sons.

Ainsi les prêtres, qui dans le cours de l'existence sont les plus pauvres et les plus ternes, se vêtent-ils de soie pour se présenter devant Dieu.

Les personnages de Vélasquez sont, parfois visiblement aux pieds de Dieu, mais toujours humblement attentifs à ses révélations intérieures.

Ne faudrait-il pas dire que l'œuvre dont le sujet est religieux peut et même doit être expressive, tandis que l'art religieux dont les sujets sont profanes devrait, afin d'atteindre Dieu, dépasser l'expression pour faire émerger la surnature ; en somme ne se servir du sujet que comme d'un prétexte un peu fourbe.

Mais comment maintenant justifier d'aucun point de vue mystique les *Lances*, les *Fileuses*, et surtout les *Buveurs*, pleins d'une gloire si profane ? Faut-il chercher en Vélasquez un Titien catholique ? Celui qui sans rien abandonner de chrétien a renoué avec l'antiquité.

La *Traversée de la lagune* de Patinier, - étonnant paysage d'eau translucide où le ciel se prolonge et que des végétations minutieuses, hantées de bêtes, entourent - le *Triomphe de la mort* de Breughel, les verdures où baignent l'*Adoration des Mages* et les donateurs des volets de Bosch, tel paysan de Bosch, un peu las de la grandeur éloquente, sensuelle ou sévère de Titien, du Tintoret et de Vélasquez, on va vers eux comme à des oasis. A leur charme, semble ressusciter le plaisir pur.

Pour les Italiens et les Espagnols, la nature n'est qu'un ornement de l'humain. Ils ne conçoivent rien qu'en fonction de l'esprit. On éprouve après tant de grandeur l'envie d'une grâce plus spontanée, d'un moins savant arrangement de volumes. Les petits maîtres flamands valent une pleine détente.

Mais que ces scènes, quand elles sont religieuses, n'impriment aucune émotion religieuse ; quand elles sont érotiques, l'idée d'aucune obscénité, que les plus infernales visions de Bosch ou de Breughel ne vaillent qu'un ravissement amusé, c'est ce qu'il est assez difficile de s'expliquer.

Tel paysan du volet droit du *Char de Foin*, telle prairie du volet gauche de son *Adoration* éveillent, celui-là l'image d'une bête, celle-ci une vision toute spirituelle. Tout se passe au milieu de cette peinture flamande, comme si tant de mysticisme n'eût d'autre objet que de révéler une réalité plus précise ; et tant de réalisme, un enjouement plus alerte. Je n'ai peut-être jamais pressenti comme par cet art, l'intersection des deux plans sur qui chevauche la peinture.

Son unique objet (alors qu'au premier abord toute noblesse en paraît absente) est de marquer les frontières imprécises des sens et du cœur.

Révélation parabolique où le rêve et la certitude s'emboîtent de telle sorte qu'il est impossible de rien affirmer quant à la réalité des spectacles qu'il nous présente.

Le passage de ces poèmes minuscules aux grandes figures de Dürer entretient par contraste une fiévreuse interrogation. On se devine au seuil d'un mystère incompréhensible et pourtant évident. L'esprit s'en trouve comme enivré.

La question qu'il faudrait se poser en face d'une figure comme la grande Eve par exemple, c'est de savoir en quoi elle diffère d'une *Vénus*, de la *Maya* de Goya ? C'est par ce qu'on pourra discerner entre elles d'irréductible qu'on parviendra peut-être à chiffrer les profondes raisons qui valent à chacune sa perfection.

Cette *Eve* de Dürer, elle aussi, est comme illuminée de l'intérieur. Sa pesanteur si dense pose à peine sur le sol. Nulle statue grecque ne semble douée d'une légèreté pareille. Le rayonnement du corps, la spiritualisation de la chair, cette orientation et comme cette projection de soi-même, cette musique en quoi s'est dissoute l'architecture païenne, le sentiment d'être une forme qui fuit, voilà donc par où les plus beaux nus chrétiens diffèrent des païens.

Ils s'offrent dans leur fragilité transitoire plus que dans la tranquillité de leur harmonie présente. L'art est devenu un reflet de l'inquiétude de l'âme.

Cette manière de ne pas poser d'aplomb sur le sol, de laisser les doigts des mains dessiner dans l'air une musique muette, d'insérer l'homme au cœur des choses et d'indiquer par là leur profonde parenté, c'est, tout autant que l'effacement de ces choses sous la domination de la figure humaine, un moyen d'exprimer la mobilité des apparences où les Grecs, par exemple, ne s'étaient jamais attardés.

Il y a dans la plus calme des peintures chrétiennes (et j'entends des œuvres occidentales nées depuis le Christ) une incertitude et une gêne, une attente par qui se trahit dans les figures les plus placides et les corps les plus pleins, la sourde influence de la révélation.

Et pourtant que ce portrait de Dürer est calme ! qu'il est harmonieux !

Mais ce sont alors les détails du costume, les boucles des cheveux, le rythme intérieur de la figure qui distinguent l'art moderne des arts antiques ; c'est la modulation de l'individu qui fait sa forme s'effranger, se dissoudre, et la contemplation sollicitée se troubler et gémir.

Aucun art au monde ne correspond à cette étrange peinture européenne, musique de l'inconscient, chanson des formes qui se sentent mourir.

Mais par quels procédés cette mobilité des formes stables, l'éternité de ces modulations s'exprime-t-elle ?

Il faudrait découvrir le secret des styles grâce auquel les règnes naturels se condensent dans toute parcelle de beauté.

Ainsi verrait-on que la sculpture chrétienne remonte de l'homme à ses formes antérieures : plante, rocher, et suggère que notre état n'est qu'un progrès sur la nature brute dont nous sommes pétris.

Que la peinture, c'est de notre destinée et de notre mort incessante, qu'elle trace la pathétique image.

Les différentes attitudes des êtres à l'égard de la mort, depuis cette aspiration à la mort des mystiques (et singulièrement du Greco), jusqu'à l'épouvante des personnages de Bosch, marquent toutes les gammes européennes de l'émotion.

Les seuls véritables équilibres qu'il nous soit désormais possible de peindre, les seuls équivalents vivants que nous puissions trouver aux harmonies antiques, seul sans doute l'Evangile nous les peut fournir.

Voici donc une nouvelle expression de l'art chrétien : celle qui peint l'homme mortel et sa part dans la vie concrète de l'univers. Je veux dire l'art qui va de Breughel à Courbet et à Renoir, et qui, montrant l'homme exclusivement occupé de vivre, le fait communier à la seule unité matérielle des choses.

A mesure que le sentiment de la présence et de l'individualité de Dieu s'efface, s'effacent aussi le sens particulier et l'essence divine de l'homme. Mais du sentiment tragique de la destinée humaine, les plus affranchis d'espérance et de foi ne peuvent plus se délivrer. Par la forme humaine fragile et périssable, Dieu s'est installé dans leur art.

## Vélasquez

Le *Christ* de Vélasquez, je le revois encore. C'est le Verbe fait chair. Vélasquez est le peintre qui a compris le plus parfaitement le double caractère de Jésus : la lumière qui s'est insérée dans le corps.

Vélasquez est peut-être, plus qu'aucun autre, le peintre de l'Incarnation.

Peu m'importe de constater que telle draperie n'est là que pour équilibrer tel nu, telle tache noire pour faire contrepoids à telle masse, et que tout ce tableau se résout enfin en tel jeu simple de volumes, en tel balancement de couleurs.

Ce jeu, ce balancement, sont dictés au peintre par une exigence purement intérieure. Et cette impérieuse suggestion qui lui est faite en secret rejoint, dans le ténébreux royaume de son silence, ses besoins les plus ignorés.

Il est évident que ce choix d'une composition entre une infinité de possibles, et que nulle raison extérieure ne détermine, cette élection d'un seul équilibre entre toutes les éventualités selon lesquelles ces neuf personnages pouvaient être groupés, communique avec toutes les dispositions de l'âme de Vélasquez. Car une âme qui est parvenue à dégager ainsi sur le plan esthétique son unité, se révélera intégralement dans chacun des traits, dans chaque touche qu'elle posera. Et c'est à déchiffrer ce monde intérieur, à en trouver la clef, en somme à le réduire à sa tendance métaphysique, que je crois qu'il n'est pas vain de s'acharner.

Le langage esthétique, si nous savions vraiment le comprendre, nous installerait en plein centre de l'être, nous résorberait en Vélasquez, et nous livrerait son unité.

Une curieuse rotation est indiquée autour du Bacchus, et l'encadre. Elle est constituée par les cercles du carafon par terre, du tonneau, de la coupe élevée par le second homme nu, et par le bol que tient celui qui rit à pleines dents. Cette ellipse de cercles est comme projetée en avant, grâce à la couronne de lierre dont Bacchus coiffe le jeune homme à genoux devant lui. Mais sa propre couronne et celles des deux personnages à sa droite, complètent la première ellipse par une seconde dont le plan, légèrement incliné sur la gauche du tableau, évoque sa séquence idéale avec la première qui est presque verticale.

A part cette danse des objets, cette suggestion de leur mobilité, nul volume ne s'avance qu'avec pesanteur ni ne complète par un autre son propre mouvement. Chaque personnage est aussi immobile et définitif, aussi pesant et enfermé en soi, aussi soustrait à l'entraînement du monde, que les choses qui l'entourent y participent.

Ce qui importe dans ce tableau autant que la réalité substantielle et la stricte individualité de chaque personnage, c'est l'indication que toutes choses au monde, sauf l'homme, oui, même le feuillage dont les couronnes se composent, que le monde matériel tout entier, à l'exception des humains, participe à quelqu'immense ronde où ses diverses formes se fondent et se remplacent, n'existent qu'en vue du mouvement que leurs diverses positions dans l'espace décrivent, en vue de ce mouvement qui, dans l'espace, imprime le temps.

Par opposition à l'indiscernable et comme abstraite image de ce qui doit son existence à sa répétition, l'homme affirme sa réalité propre ; sa divinité.

Peu importe qu'il ne s'agisse que de paysans. Même, je trouve dans ce choix, en vue d'une composition si imbibée d'esprit pur, un témoignage de la spiritualité consciente et volontaire de Vélasquez s'affirmant à travers les sujets les plus quotidiens, les plus vulgaires.

Cette affection qu'il prodigue aux fous, aux nains, aux infirmes, aux forgerons, aux fileuses, aux buveurs, aux gouvernantes, la nature du délassement qu'il préfère à ses occupations de cour, prouve combien il pouvait être détaché de ce que semble avoir de purement social et d'officiel la plupart de ses toiles.

Ses buveurs ne sont point du genre de ceux des Le Nain ou des Flamands; ce sont gens à travers la bassesse de qui perce l'esprit.

L'humilité de Vélasquez illuminant ces humbles visages de joie intérieure, de vie individuelle, leur donnant une réalité à la fois concrète et surnaturelle, témoigne du sentiment religieux dans lequel il abordait et contemplait, grâce auquel il parvenait à exprimer l'essence la plus profonde, la substance même de la nature humaine ; n'y eut-il, pour achever de nous convaincre, l'absence presque complète de paysages et de natures mortes.

Seul entre tous les peintres de tous les temps, Vélasquez fait sa délectation de l'homme intérieur. Sans doute je n'oublie ni Fouquet, ni Holbein, ni Dürer, ni Rembrandt ; mais pour ces grands artistes, l'homme était, en même temps qu'un être spirituel, une chair vouée à sa dissolution.

Vélasquez, dans chaque être, retrouve donc cette essence à laquelle les décrépitudes du visage s'appliquent si précisément qu'elles y semblent à jamais attachées.

La densité des corps de ses personnages est témoignage d'immutabilité ; et les sobres gestes qu'ils inscrivent autour d'eux, loin de les faire participer à la vie du monde, se referment sur eux, achevant de peindre ce qu'a d'irremplaçable leur personnalité. Loin de les y mêler, ils les soustraient à l'entraînement des formes périssables.

Quant aux buveurs, je remarque que le mouvement des bras des deux hommes nus se continue par la main de celui qui soulève son chapeau. Là aussi une ellipse semble se décrire ; mais qui ne se ferme pas, qui aboutit comme à son sommet à la tête de ce dernier personnage et à partir de lui redescend suivant la courbe formée par les têtes des trois individus de droite pour finir au Bacchus, dont la blancheur, par un prodige d'habileté, équilibre et centre toutes les obscurités qui l'entourent.

Situé à la fois dans les deux ellipses d'objets matériels et de feuillage, à la rencontre des deux mouvements de bras et de têtes, il concentre en lui, comme s'il était la personnification de la vigne, la joie, la dévotion, le mystère des figures qui l'environnent.

J'avais donc tort de dire que chacun de ces hommes vivait pour soi. Ils sont tous groupés autour de la joie et vivent en elle.

Il faudrait rapprocher ce nu de celui de l'Apollon de la *Forge*, du *Christ en croix*. On verrait à quel point Vélasquez est peu sensuel, et qu'un beau corps nu est avant tout pour lui la base et le substratum, la formulation élémentaire du visage ; ou son substitut.

Au lieu de douer chaque parcelle de ce corps d'une vie particulière et anarchique, ce bras, ce torse, ces beaux pieds, cette cuisse charnue, ne sont que les moments simultanés d'une lumière concrète que toutes les chairs qui se chauffent à elle préforment et annoncent comme leur aboutissement le plus parfait.

Tant de visages expressifs se concluent dans ce visage sans expression. La placidité du roi des Buveurs est une manière pour l'âme d'affirmer sa parfaite possession.

Nous voici loin des Bacchus et des Silènes antiques, de ceux de Rubens ou de Poussin. Ce Bacchus est l'âme du vin, et peut-être, singulièrement, de ce vin en qui le sang s'est changé - je veux dire la transfiguration spirituelle de la matière la plus concrète, le point critique de la nature et de la grâce. Il est d'ailleurs remarquable que seul ce personnage soit complet. De chacun des autres, rien qu'un fragment est ébauché. Il les résume tous et les achève.

Si Van Dyck et Vélasquez avaient à représenter le même personnage, je gage que ce ne serait plus le même. L'un voit les rondeurs, l'autre les plans. L'un les modulations de la chair et son frémissement individuel, l'autre en extrait sa lumière. Ainsi toute la vie intérieure du peintre le dirige dans ses choix ; la complexité de son esprit est engagée dans la moindre de ses démarches.

L'un s'en tient au plan charnel et à ce que le monde lui offre de pretextes décoratifs. L'autre déchaîne le mystère. Et le plus réaliste est celui qui résume ce mystère par quelques lignes de force.

Mais Rubens ? La diversité de gestes, d'attitudes, de couleurs, la vie multiple et qui s'échappe en arbres, en nuages, en anges vers le ciel, en fontaines, comme pour s'auréoler de leurs émanations, tels sont à travers le grand Flamand les champs magnétiques de Dieu.

Le point est donc de ramener l'œuvre à l'unité, de marquer un progrès sur la nature visible. En particulier, dans un portrait, de ne pas faire vivre à part les mains, les bras, le visage, le costume.

Pour Vélasquez, c'est autour du visage impassible que les membres s'ordonnent. Telle est sa révélation singulière.

## Menines

Il faut longtemps regarder ce tableau le plus complet peut-être de Vélasquez, pour le voir s'animer. Et du même coup se précise l'impression de grandeur qu'il donne, quoiqu'on se plaise d'abord à en douter.

Voici donc ce qui apparaît quand, au lieu de fixer chaque personnage et de chercher sa vertu particulière, on laisse l'œil errer du premier plan vers le fond, puis revenir au premier plan. Une farandole se décrit à partir de Vélasquez, jusqu'à la deuxième Menine qui entraîne la première et l'infante. Puis une autre farandole réunit elle aussi quatre personnages, celui du fond à la deuxième Menine, à la naine, et à l'infante.

Enfin, une troisième farandole que mène l'infante, groupe tous les personnages du premier plan pour échouer à la première Menine.

Et comme une fantaisie secondaire, les deux personnages de droite à demi effacés s'introduisent dans le cours des deux premières farandoles. Une impression organique s'en dégage, comme le sentiment de la durée qui s'écoule.

Ce tableau, bien plutôt qu'un ensemble prestigieux de gris et d'argent, est le poème de la danse qu'une succession de figures immobiles dessine et suggère.

Et l'on remarque, sans en tirer de conclusion, que l'ensemble des farandoles compose une croix.

Rythme intérieur très analogue à celui des *Buveurs*.

Rythme, également, des grands portraits, surtout de ceux de Marianne et de Marguerite d'Autriche, mais figuré sur ceux-ci par l'entrecroisement des broderies, les boucles de chevelures et les plis des rideaux ; tandis que les murs, une chaise, une horloge minuscule, ébauchent au contraire un mouvement qui s'arrête, et semblent signifier l'espace privé du temps.

Il est donc essentiellement faux de croire que l'art de Vélasquez ne soit que statique ; c'est l'art qui suggère le plus discrètement le mouvement même, mais un mouvement inachevé qui semble projeter dans l'air ses prolongements indéfinis, une attente désabusée, la pesanteur de l'ennui de la terre, l'exaltation desséchée ; la grandeur humaine et sa vanité.

(Aucun geste chez Vélasquez n'est fermé. Ce sont toujours les gestes de qui tend à sa perfection.)

C'est toute une inconsciente illustration des Evangiles qui tourbillonne ainsi autour du Christ, lumière parfaite.

Si l'on passe encore de Vélasquez à Rubens, sans doute trouve-t-on les apparences opposées. Et Rubens, de ce point de vue, ne juge point la vie comme Vélasquez. Mais il peuple tout l'espace. Les corps qu'il déchaîne appellent autour d'eux toutes formes à leur exubérance.

Quand Vélasquez peint la misère et la noblesse de l'homme, Rubens restitue leur splendeur aux corps qui semblent à tous les points du monde partager leur puissance.

Corps splendides, les moins égoïstes qui soient, corps par qui rayonne la lumière. Ils répandent leur vie sans compter. Ils sont bien plus l'image symbolique de la création que la figuration d'aucune chair. Et c'est là aussi le désir de la charité.

## Le Greco

Imprécision des contours dans le Greco, empiètement des différentes touches d'un pied les unes sur les autres, indication à peine suffisante d'un meuble ; ce bras n'est pas un bras.

Le monde n'est pas aussi clos dans ses parties que nous l'imaginons.

Le peintre rétablit la circulation intérieure, la transfusion des tons, les secrètes interdépendances, le reflet des étoffes dans les chairs, la tendance de toute forme à se dépasser.

C'est ainsi que la peinture découvre des analogies dans l'univers.

Elle est leur révélation plastique.

Faire des créatures dont doit se composer un tableau, rien que les fragments de ce tableau ; ne les considérer que sous l'angle de leurs rapports, dans l'être qu'ils tirent de ce rapprochement par l'esprit, quoi de plus analogue à l'acte de la création qui nous fait n'exister qu'en vue de la Communion des Saints ?

La peinture est la négation de la forme fermée sur soi, du corps extrait de l'univers. Vélasquez même ne peint pas les individus, mais les racines de leurs instincts.

La peinture serait donc l'expression de la tendance de l'esprit à sortir de soi, à découvrir entre les choses leurs plus intimes affinités, précisément une manifestation de notre appétit d'unité.

Le Greco en est possédé au plus haut point, et l'exprime non tant par ses sujets que par les gesticulations excessives qui établissent entre les personnages d'une scène un courant vivant et continu, par la similitude des regards, la déformation résolue, volontaire, et monotone, d'une humanité de catacombes.

Après l'interdiction de l'Ancien Testament, de reproduire la forme humaine, voilà que la figuration des corps manifeste de la façon la plus mystique l'unité divine.

Les Evangiles ont purifié l'idolâtrie, converti l'art dans son essence d'une façon qui ne laisse pas d'être mystérieuse et surnaturelle.

Ce qui semble l'apparence de la peinture en est aux antipodes. Peu d'arts ont au même point cette ambition de faire éclater le mouvement pur, l'unité des formes, la vie intérieure.

Ce par quoi les grands artistes diffèrent est moins vital que ce qui les rapproche. A l'art des pays qui n'ont point connu la révélation chrétienne, l'un de ces trois éléments fait défaut ; mais par l'un des deux autres la tentative est ébauchée.

Le Greco offre la synthèse la plus complète. De ce que les formes différentes concourent à la même direction, que des gestes éloignés se répondent, la force qui les rapproche se dessine, l'appel d'une altitude à quoi ils obéissent.

La *Résurrection*, qui est l'un des plus beaux tableaux du Greco, est significative. Tant de bras dressés, de jambes en l'air, font plus que conduire le regard dans le sens vertical ;

ils évoquent et réalisent l'invisible puissance qui les oriente et les aimante.

L'absence de tout décor, la concentration de la scène entre quelques personnages engagés à fond dans leur drame, loin d'être l'effet d'aucune pauvreté, l'est d'un accaparement de l'esprit.

Le Greco, héritier des Byzantins, exploite leur héritage. Toutefois cette négligence de la perspective n'est pas un caractère qui leur soit propre. Il est assez curieux de noter que les sujets religieux traités pour eux-mêmes se développent presque toujours en surface tandis que les autres se déroulent en profondeur. C'est sans doute que l'esprit religieux, et spécialement dans l'illustration des mystères divins, est contraint à une concentration à laquelle un artiste profane accède moins aisément.

Les tableaux du Greco ressemblent plus à des brasiers incandescents qu'à aucune imitation des corps.

Rubens donne une indication analogue dont on ne distingue pas assez immédiatement l'esprit dissimulé.

Ce sont flammes égarées sous la voûte épaisse des nuages et par lesquelles s'accomplit une osmose permanente entre la terre qui se défait et le ciel qui se solidifie.

Dans tel portrait, je retrouve le procédé magnétique de ses compositions.

Si telle touche de couleur, tel empâtement de la fraise, ne se répétaient presque littéralement, la peinture irait de guingois. Nos deux yeux, nos deux narines, la symétrie relative de notre visage, ne sont que la formulation élémentaire de cet hypnotisme plastique.

L'origine et la base de tout art sont dans la litanie. L'art est d'abord une reconstitution, derrière la variété infinie des discours, d'un b-a-ba hallucinant.

## Goya

Les corps, pour Goya, ne comptent que par les mouvements dont ils seraient capables. Ils sont la réserve de gestes futurs. Goya nie la chair avec une espèce de frénésie. Non point pour en tirer quelqu'exaltation spirituelle. Il nie l'esprit pareillement.

Ces visages qui rient de leurs bouches grandes ouvertes sont à peine humains. Rien pour Goya ne vaut qu'en tant que prétextes à des échanges de couleurs, à des reflets qui se transmettent d'un bout à l'autre de la toile. Le moindre enfant, le fruit le plus inoffensif, en tirent une espèce de tragique laideur.

Chaque chose n'est là que comme négation de soi-même.

tout faux !

La lumière dévore les chairs. C'est un monde sans densité, une inconsistante chanson.

Il y a quelque chose d'infernal dans tout ce qu'il touche : une attente de catastrophe. Baudelaire et Daumier, Rops et Bosch. Une grandiose anarchie dans cet univers de coups de pinceaux et d'indications ébauchées : l'Espagne sans le catholicisme ; l'effervescence de l'instinct.

En même temps une épouvante de l'esprit. Ces gens assistent à leur propre décomposition. C'est une manière de putréfaction sur pied.

La grandeur de Goya tient précisément dans cette propension, qu'il exprime avec tant de force, de toutes choses à leur fin.

Je ne parviens même pas à me définir en quoi cette fièvre consiste. Mais il est clair qu'elle est étrangère à Vélasquez et au Greco ; le rendant aussi trépidant que Vélasquez semble apaisé, aussi tourmenté que le Greco est serein. Il y a là vraiment la pleine corruption espagnole ; le désespoir sans Dieu.

Mais peut-être pourrait-on définir Goya en inversant tous les traits du Greco. Ils sont littéralement à l'opposé l'un de l'autre.

Ce qui me frappe, après en avoir de tant de manières tenté la preuve, c'est le peu d'importance qu'ont au fond tant de grimaces, de gestes, et de contorsions. Ce n'est point même en tant que réservoirs de gestes futurs que les corps l'intéressent ; ou plutôt, s'ils l'intéressaient dans ce sens, n'est-ce plus cet intérêt qu'ils présentent pour nous. Mais je soupçonne que la raison de sa grandeur se réduit à évoquer, comme Michel-Ange en particulier, au moyen de la figure humaine, des aspects imprévus de l'univers.

Si je ne songe pas à me prouver que Goya croit en l'homme (je suis même persuadé du contraire) tout se passe néanmoins comme si, au milieu d'un monde vaporeux, ces visages qu'il interroge impitoyablement restaient, malgré lui, malgré leurs tics et leurs grimaces, les seules manifestations solides et stables de la vie.

Autour d'eux, tout n'est que reflets qui s'échangent, couleurs qui s'évaporent. Nul objet ne vaut plus que par sa propre fumée. Sauf Chagall, il n'est pas de peintre qui donne une sensation si physique de l'instabilité de l'univers.

Mais, par contre, tels visages aux yeux fixes, d'une matière à peine condensée, parce qu'il ne pouvait les réduire comme les vêtements, d'un seul coup d'œil à quelques taches, concentrent un durable mystère qu'on ne peut éluder.

Quand même il les voulait grotesques, quand même il en faisait transparaître le squelette et la pourriture, il s'y attardait plus qu'aux décorations et aux broderies dont le néant ridicule est en quelque sorte immédiat et irréfutable.

Et alors, parfois, malgré sa haine et sa férocité, il en a fait des monuments éternels, des visions glorieuses.

Autant que les autres grands Espagnols Goya célèbre ainsi, à son insu, par les seuls visages de ses portraits, l'immortalité de l'âme.

Et c'est d'autant plus stupéfiant et déroutant, qu'autour de ces visages le monde entier n'est qu'une roue colorée qui tourne, un tourbillon d'oripeaux et de gestes, une éblouissante et sinistre mascarade.

L'apparence de pantin que prend spontanément à ses yeux tout corps humain, est dans un tel rapport, si nécessaire et si inattendu, si imprévisible et si fatal, avec la stabilité incorruptible des visages, avec cette fixité quasi-béatifique des visages ; il voit un tel désaccord dans la construction de l'édifice humain, il met une telle insistance à marquer la disjonction de la double nature mécanique et spirituelle, la drôle d'attache, l'incroyable inharmonie de cet ordre, l'incompréhensible désordre de cette harmonie, que je crois que nul comme lui, ni Daumier, ni Breughel, ni Bosch, n'atteignit jamais au même point de cruauté et de douleur.

L'irremplaçable nouveauté de Goya, son annonciation singulière est là : dans cette peinture d'une humanité qui subsiste on ne sait comment, et qui rit, que la corruption a déjà entamé dans la profondeur de son corps, mais qui subsiste, présentant l'image anticipée de son alternative éternelle ; et qui chante et qui danse avec une insouciance déconcertante.

Dans la *Communion de Saint Joseph Calasanz*, et par un tour de force admirable, les corps ne sont plus au contraire que de grands plans immobiles. Nul mouvement, nul tressaillement que celui des visages dans la nuit qui les investit. Et alors l'impression mystique grandit irrésistiblement, tant il est vrai qu'il ne manque à Goya pour être un mystique pur que d'avoir eu l'attention moins attirée sur la diversité du monde et sur les contorsions des êtres ; tant il est vrai que, si peu mystique, il l'était néanmoins par l'obsession avec laquelle il se penchait sur les visages, par l'obsession qu'il y peignait.

Dans la *Maya*, le tour de force est plus ahurissant encore. Ici nul voile, nul geste, aucune expression ; un corps immobile et parfait, dont la matière s'évapore sans doute, mais à la manière des visages, et sans rien perdre de sa densité. Il s'évapore pour épandre autour de lui et imprégner l'air de son incorruptible substance.

La *Maya nue* n'est pas charnelle comme on veut le faire croire. C'est un corps glorieux à la manière des grands visages de Goya, une forme soustraite au changement.

La corruption chez Goya est dans la manière dont se transfusent les uns dans les autres les éléments du monde matériel, dans l'énorme comédie que se jouent entre elles les choses colorées dont la vie se réduit à leurs relations ; les corps qui n'existent que par d'autres corps.

Le nu de la *Maya* atteint à la poésie la plus pure par la sublimation qui s'en est accomplie, et le dépouillement d'une arabesque fermée sur soi.

Dans les scènes de la vie courante, petites toiles où Goya fait tenir toute son amertume, l'agitation des corps n'attache pas le regard à eux, mais à leur agitation ; par l'image qu'ils offrent de la légèreté et du mouvement en soi, parce qu'ils ne sont plus que les écheveaux d'un déroulement universel, les imperceptibles éléments d'un univers à qui ils sont indispensables, et qui les entraîne, les dévore, les efface.

Un tableau de Goya - les visages exceptés (quand ils sont, dans les portraits, insistants et définis) - c'est une toupie qui tourbillonne.

A la différence du Tintoret, cette impression de mobilité résulte moins d'un emboîtement de courbes, d'une répétition rythmique des formes, que d'une frénétique giration des couleurs.

Son univers est un univers de taches délivrées de leurs contours. Elles se continuent moins les unes par les autres

Francisco de Goya, *La Maja nue*, 1795-1800
Museo del Prado, Madrid

Francisco de Goya, *La Tirana*, 1790-1792
Museo del Prado, Madrid

Francisco de Goya, *La dernière communion de saint Joseph de Calasanz*, 1819, Museo del Prado, Madrid

Rogier van der Weyden, *La Descente de Croix*, c. 1436
Museo del Prado, Madrid

Jheronimus Bosch, *L'Adoration des Mages*, c. 1495
Museo del Prado, Madrid

Joachim Patinir, *Traversée du Styx*, 1520-1524
Museo del Prado, Madrid

Pieter Brueghel, *Le Triomphe de la Mort*, 1562
Museo del Prado, Madrid

Albrecht Dürer, *Adam et Ève*, 1507
Museo del Prado, Madrid

qu'elles ne se répandent à la manière de gerbes électriques, de vaisseaux sanguins. Elles se fondent dans l'air comme les seiches dans l'eau. Et, en fin de compte, c'est dans l'air où toutes leurs émanations se rassemblent et se mélangent et, en se composant, se portent à leur pleine expansion, c'est dans un air qui n'est plus que le nuage et le nimbe des corps, leur brouillard et leur halo, dans cet air précieux comme un joyau où tous les joyaux du monde se seraient fondus, que le mouvement désordonné de l'humanité trouve sa fin et sa raison d'être, son unité et sa paix.

Si, du milieu de ce tourbillon, quelques visages se détachent - par exemple dans les cartons de tapisseries - plus que l'unité des scènes, c'est l'automatisme et la dualité de chaque personnage qui, du même coup, se dégagent. Plus encore que le tragique, la caricature.

Ce qui vaut à Goya son étrange grandeur, ce n'est donc directement aucune vertu mystique ; mais le sens le plus pénétrant de la double nature des êtres, de leur duplicité involontaire, de l'universelle analogie des corps entre eux, et des corps et du monde ; l'art de découvrir une constance au milieu du chaos.

Il est une dernière catégorie d'œuvres plus paradoxales. Ce sont les décorations soi-disant religieuses de San Antonio de la Florida. Moins religieuses que ses scènes anticléricales. Plus étroites et moins passionnées.

Ce sont voiles qui s'envolent costumes éclatants. Le sujet seul, et presqu'imperceptible, justifie leur présence dans une église.

Chaque corps s'affirme comme jamais ne s'est affirmé un corps dans une œuvre de Goya. Et non point périssable, extatique ni joyeux. Paisible et satisfait. Cette décoration est du même coup antireligieuse et anti-monumentale. Les personnages vivent en soi comme des aveugles. Ce sont chairs profanes et bornées. Ou plutôt ce sont des vêtements animés ; mais ni déformés, ni lyriques, comme tant de personnages frénétiques de ses cartons. Des vêtements qui remuent ; un admirable remplissage de surfaces coloriées.

Où il eut pu peindre des anges, il fait s'envoler des amours, et si individualisés que le regard s'y fige. En somme le contraire d'une invitation à l'extase. C'est ainsi que la féroce ironie de Goya, par ce détour, réapparaît.

## L'Escurial

Eclatant *saint Pierre* du Greco.

Les draperies produisent tout l'effet. Elles sont belles, à proportion de leur éloignement de draperies véritables.

Une forme suggère le mouvement moins par l'agitation dont elle est douée, que par sa ressemblance avec tels spectacles naturels (un paysage ? une colline ? des arbres ?). Et ce qui constitue cette originalité si vivante du Greco, se réduit peut-être à la forme étrange de ses personnages, à cette forme de ruisseau qui coule, de pic qui jaillit au-dessus des nuages.

Les formes humaines sont des aides pour la mémoire. Elles la ramènent à l'alphabet de l'univers.

Tout grand art ne serait ainsi qu'une incantation cosmique. Une figure humaine devient par l'art d'un peintre, la synthèse de quelques aspects du monde.

Il est étrange que le *saint Ildefonse*, qui fait pendant au *saint Pierre*, et dont l'allure est aussi d'une prestigieuse liberté, soit chargé d'un si pesant costume sur lequel l'attention se concentre. Et pourtant elle n'y piétine pas. Mais c'est par un tel accord de la fraîcheur des tons et des verdures dont les broderies reproduisent l'image réelle, qu'il semble qu'une prairie plus qu'une chasuble soit effectivement représentée au milieu de laquelle, comme s'écoule une rivière, se détend le blanc pallium avec ses deux croix.

C'est, comme le *saint Pierre*, une entraînante chute, ou peut-être, au contraire, une vertigineuse ascension de nuages, chargée de la même poésie.

Et, de place en place, une forme nette et blanche où l'œil se repose.

Ascension ? Ecoulement ? Tout tableau du Greco n'évoque-t-il pas d'abord un fond fuligineux, une illumination d'éclairs qui zigzaguent ? Et tel serait le secret du Greco, que sur un fond de ciel orageux ses personnages offrent l'analogie spontanée d'une pluie pesante que la foudre entrecoupe.

La mollesse des corps de [Luca] Giordano, malgré l'évocation qu'ils proposent de formes cosmiques, prouve qu'il ne suffit pas d'éveiller des analogies. Il faut que les anime en outre la densité apparente des prétextes peints.

Mais tout de même ce que, jusqu'à présent, j'ai vu de plus beau, c'est, à travers les barreaux de la vieille église, ce paysage immense et silencieux, ce déroulement immobile de verdures brûlées, de terre pelée, de ciel incandescent.

A droite, une montagne dresse sa double cime rocheuse comme un portant qui s'abaisse au niveau du plateau, puis se relève au-delà d'un étang que des cygnes parsèment, presqu'à pic, pardessus une sorte de loggia qui, avec le parapet de l'étang, borde le palais, le jardin, et l'esprit.

Etrange jardin !

Géométrique et sans ombre.

Jardin ? Ce ne sont, sur une terrasse de pierre, qu'arabesques de buis à mi-hauteur d'homme tout le long du mur du palais rectiligne et précis.

Une odeur de roses monte des treilles du mur que le soleil dévore.

Et par-devant ce mur, par-devant cette terrasse embrasée, le paysage sévère et desséché, les feuillages brillants, se pâment dans une lumière où ils semblent se résorber. Infini déroulement de la campagne, infini développement d'un plateau sans accident qui crépite et qui souffre, d'une Afrique que hanteraient ses derniers arbres.

Des hirondelles tournent dans l'air.

L'horizon qui borde cet espace immense figé dans la lumière, c'est une vague ligne bleue où le ciel se condense.

Nulle ombre, nulle pitié.

Une franchise qui va au sacrifice de soi-même. Une austérité passionnée.

Je me souviendrai longtemps de cette incandescence, de cet immense désert d'arbres et de lumière ; dans la présence fiévreuse et permanente de Dieu ; dans une prosternation indéfinie.

La façade du palais. Plus nue qu'une prison. Essentielle et comme calcinée. Nul ornement ne surcharge cette imposante planitude. Huit colonnes sans chapiteaux : la nuit obscure de l'âme. Et, tout autour de la place, d'autres monuments en contre-bas, plus sévères encore, reflètent une incomparable absence de plaisir ; la monotonie presqu'insoutenable de la pureté.

Cette individualisation des formes, cette manière qu'a chaque créature de se porter à son extrême, répètent ici le caractère espagnol de l'art de Vélasquez. Voici un palais, un ciel, un désert. Pas une ombre dans le désert ; pas un nuage au ciel ; pas la moindre tache sur la nudité de ces murs. Une sorte d'exigence de leur perfection marque ces formes sans accidents, une frénésie qui les entraîne jusqu'à la décantation absolue.

Peut-être l'influence maure subsiste-t-elle dans cette fièvre étrange de la pureté ; et peut-on retrouver, dans ce dépouillement, la trace d'autres arabesques qui se seraient humanisées ?

## Peintures

Devant les Tintoret je retrouve mes enivrements et jusqu'à certains aspects de Venise. Prodigieuses volutes selon lesquelles se répondent dans un langage surhumain les grandes voûtes des palais et les gestes des corps ! Une telle unité s'établit et s'impose à l'insu du regard, un accord si surnaturellement poétique entre tous les éléments de ses toiles qu'on se sent emporté comme dans l'entraînement d'une musique.

L'espace est mesuré dans tous les sens. Le passé ressuscite. Venise entière m'est restituée.

La célèbre *Déposition* de Van der Weyden est puissante aussi. Et l'on s'aperçoit qu'elle se réduit de même, à un étrange enroulement de courbes.

La première joint le bonnet de Joseph d'Arimathie, le bras supérieur du Christ, et la ligne du corps de la sainte, à droite de la scène.

Une autre, partant du bonnet rouge de la femme qui se trouve immédiatement à la droite de Notre Seigneur décrit Son corps. Une troisième enfin réunit la sainte au bonnet blanc, saint Jean et la Vierge. Cette dernière courbe s'infléchit à l'inverse de la première.

Les deux courbes extrêmes décrivent comme les ellipses opposées entre lesquelles un œuf est contenu. C'est le corps du Christ qui en figure la partie avançante. Ce corps est d'ailleurs curieusement synthétique. Les jambes et le torse répètent la courbe gauche. Le bras et la main gauche s'insèrent dans celle de droite. Il n'y a donc pas là seulement analogie avec une figure géométrique, mais avec une forme naturelle et concrète.

Une des compositions les plus déconcertantes qu'on puisse voir. Un groupe d'hommes, vêtus de maillots éclatants, occupe toute la partie droite et même une bonne moitié de la gauche. Ils sont de grandeur naturelle.

Tout le reste de la toile à gauche de ce groupe, un fourmillement de petits corps nus y grouille comme un ruisseau, avec quelques rappels éclatants de jaunes et de bleus. La moitié supérieure gauche est remplie par une assemblée d'anges, têtes en l'air ou têtes en bas.

Et du sommet jusqu'à la base d'immenses rayons d'une lumière presque solide. On n'éprouve d'abord qu'un sentiment d'inimaginable déséquilibre entre les corps trop énormes et les corps minuscules au milieu de la stridente acidité des tons. Puis une impression d'arc-en-ciel qui s'impose avec une exigence impérieuse ; une fin d'orage qu'un arc-en-ciel couronne.

On est stupéfait de la valeur que prend la plus mince aile d'ange, la moindre palme, le corps le plus réduit. Cette toile est plus byzantine qu'occidentale. Et l'on ne parvient devant elle à rien penser sinon que c'est une des inventions les plus fabuleuses que l'on sache.

Quand on est saturé de cette émotion vague et pourtant indiscutable, on s'en va visiter le château. On trouve des reconstitutions du temps de Philippe II, des figures de cire en costume de l'époque, le fauteuil du roi. Cette restitution des lieux habités n'est décidément d'aucun effet sur l'âme. C'est une singerie de l'existence. L'exhumation d'un corps sans vie. Et l'on s'épouvante de l'intérêt que croit y prendre la majorité des humains. On se demande si l'âme ne serait pas le privilège de quelques-uns ?

Alors, on retourne aux salles capitulaires. Et Vélasquez ici tombe à plat. Sans doute, vivant au milieu de ses grandes toiles, devait-il les composer en fonction les unes des autres, fragments d'une architecture idéale, car, isolée, celle-ci n'a plus l'air que d'un tronçon. Elle ne fait pas plus d'effet qu'une composition d'académie.

Entre Ribera et Véronèse, Vélasquez n'arrive pas à sa densité.

On retrouve par contre le *saint Maurice* qui brûle pour soi seul. Les gestes des bras, des mains, des jambes même, tordues et labourées d'ombre, déformées par la lumière, étonnantes de diversité dans leurs formes et dans leurs attitudes, ces sillons à peine charnels conduisent, à travers la toile, la mystérieuse électricité d'un ciel d'orage.

Il devient impossible de s'en arracher. Le baroque de cette composition échevelée, de ce dialogue du ciel et de la terre, cette aisance à violer toutes les lois de la lumière et de la pesanteur, cette hurlante, cette grinçante et enivrante cacophonie, harcelle de questions, d'inquiétudes. Les corps, la lumière les mange. Tous ensemble transfigurés, ils évoluent sur un plan inconnu.

Chaque détail, la densité de la terre, le rythme des couleurs, l'extase des visages, l'allongement des torses, persuadent l'esprit qu'il a quitté la peinture et le monde, et qu'il s'évade à grands coups d'aile. Tout vibre, tout vit. Visages, mains, rubans des justaucorps, pommeaux des épées, soies des étendards, toutes les molécules de cette toile semblent gonflées d'une force secrète qui les anime et les répand, qui leur constitue une multiforme et incompréhensible unité. Cette peinture dépasse l'humain dans des scènes purement humaines, par des moyens strictement plastiques. Toute analyse en paraît impossible. Elle est composée dans l'extase. On touche ici à la possibilité d'un langage nouveau, à la limite des mots jamais employés dans un certain sens ; à l'éventualité d'un usage inconnu de nos corps ; à l'existence d'un royaume prodigieux où nous n'avons su encore atterrir et qui pourtant est à portée de bras. On rêve à des archipels de l'esprit, puérils et légendaires.

Auprès de cela, les imaginations de Bosch et Patenier ne sont que déformations patientes, artificielles et volontaires, des fantaisies sans arrière-plan, des délires méthodiques.

La parenté avec le Tintoret est évidente. Le simple zig-zag de couleur sur la manche d'un des convives dans le *Repas chez Simon* en témoigne. Aucune exactitude de détail ne parviendrait ainsi à faire trembler le corps, à suggérer la densité, le mouvement, la lumière. Synthèse de mille études préalables ? Touche qui n'a d'autre objet que de tenir son rôle dans un monde plus réel que la réalité ? Ce sont déjà là pressentiments inquiétants que le Greco seul achèvera.

## ZURBARAN ET GOYA À L'ACADÉMIE
[des Beaux-Arts de San Fernando]

Un religieux, dont deux cœurs enflammés ornent la soutane noire, est à genoux. Son ange lui montre Jésus, la Vierge, d'autres anges. Le musicien et le gardien sont étrangement beaux, et leur beauté tient toute dans les reflets et les plis de leurs robes. Avec plus de lustre, ce sont là des reflets et des plis du Greco.

La construction de ce tableau de Zurbaran repose sur le triangle de la robe de la Vierge et des robes des anges. Bien mieux, ce sont des directions identiques que ces trois robes répètent. Oui, toute la beauté de la toile se ramène à l'éclat de ces vêtements, comme si tout le reste de la composition n'eût d'autre objet que de donner le change. Ces trois robes de couleurs si différentes chantent dans des tons variés, la gloire du soleil sur la neige, les irisations des glaciers.

Zurbaran est peut-être celui à qui fut réservé d'évoquer, dans des spectacles humains, la poésie des altitudes.

Il est hanté par la blancheur des neiges. Il la fait apparaître dans les tons les plus sombres.

Ses grands moines blancs sont, à cet égard, mieux lisibles encore.

Mais quand on passe de cette fixation de la pureté à tel portrait de femme de Goya, une fièvre saisit l'esprit. Sans s'interroger sur la manière dont sa poésie se compose, on en éprouve une impression plus vive que de nulle autre.

Ce portrait de la Tirana, surtout, cruel et léger, riche et sobre, minutieusement dosé. Peut-être, avec la *Communion de Saint Joseph Calasanz*, le tableau espagnol qui s'adresse aux puissances d'émotion les plus spontanées.

Comme le Tintoret à Venise, Goya stupéfie par une telle virtuosité que ses incantations surgissent, immédiates. Il y a, dans tout tableau de Goya, une atmosphère de bataille qui grise l'odorat, et assourdit autant qu'elle éblouit. Tous les sens sont pris. Mais tandis qu'on parvient assez facilement à décomposer une scène du Tintoret en ses éléments à la fois architectoniques et musicaux, on se trouve devant Goya, déconcerté par une totale absence de rimes plastiques. Sa musique est celle de la réalité. Seuls ses fonds sont différents de toute atmosphère véritable. Et puis l'on s'avise soudain que ses chairs aussi sont plus immatérielles qu'aucune chair, ses costumes plus unis, plus légers et plus transparents ; qu'enfin la figure et le fond sont entre eux dans de telles concordances, (moins de traits que d'essence subtile), qu'aucune chair ni aucune atmosphère n'en ont jamais évoquées de semblables.

D'ailleurs, dégagé du fond, réduit à sa seule forme, il émanerait encore de ce portrait une telle vapeur que nulle chair vivante n'en peut donner l'idée.

C'est que ce peintre possède seul le sens de ce qui fait le noir, le rose, le rouge et l'or, se combiner et se répondre de sorte qu'un corps de femme paraisse finalement se réduire à la seule relation de leurs valeurs.

Mais ce rose n'est pas appliqué du dehors. Il est l'affleurement du sang derrière la transparence de la chair.

Goya n'est peut-être si grand que pour avoir fait de toute forme, de tout spectacle, de toute lumière, de tout arbre et de toute pierre, transparaître la couleur, la fluidité, la chaleur et l'éclat du sang humain - pour avoir révélé dans ses portraits le dynamisme interne, l'instabilité physiologique.

Il a rendu perceptible l'émanation des corps par une prodigieuse analogie, imprégnant des vapeurs du sang l'air et la clarté où se baigne la chair.

Il a révélé l'omniprésence du sang et, dans cet élément éternellement caché, l'unité de l'univers.

Mystère proche de celui que le prêtre célèbre à l'autel. Goya répand le sang et du même coup réintègre l'homme à la circulation des êtres, transforme le monde en jardin de l'humain.

S'il me fallait enfin résumer d'un trait les obsessions les plus affolantes de Goya, je dirais qu'elles sont teintes de sang, et que, tandis qu'on le voit effectivement couler dans ses œuvres les plus instinctives : horreurs de la guerre, scènes de tauromachie, scènes d'inquisition, dans ses meilleurs portraits la fumée s'en dilue.

Ce grand sacrifice symbolique, par un défaut de conscience religieuse devient sacrifice purement charnel, et Goya ne se délivre que dans la plus belle de ses toiles, cette *Communion de Saint Joseph Calasanz* où il atteint d'un seul coup, et par intuition pure, aux plus hautes cimes d'une mystique qu'il avait passé sa vie à blasphémer tout en ne cessant de s'y consacrer à son insu.

Goya est un étonnant phénomène de ferveur inconsciente ; la douloureuse victime d'illusions qui, ayant tenté d'étouffer, ne sont parvenu qu'à dévier, pour sa propre damnation, son âme religieuse.

*Pietà* de Morales. - D'une incomparable véhémence. Ces deux corps du Christ et de la Vierge se pénètrent et se fondent l'un dans l'autre.

Une transposition dans l'ordre de la douleur telle que la peinture en offre peu d'exemples.

Le Christ est du ton de la croix. Les filets de sang qui coulent de ses plaies ont une espèce de solidité.

La scène est douée d'une pesanteur verticale qui la fait paraître chargée du poids du ciel.

Bosch fait apparaître l'aspect d'insecte de l'homme, et presque de microbe.

Tableaux espagnols des XV$^{e}$-XVI$^{e}$ siècles. - Sans nul intérêt. L'intérêt d'une peinture ne commence qu'à un certain degré de déformation, qu'à partir du moment où elle possède une certaine rapacité analogique. En dehors de ces rares peintures dont les auteurs étaient la proie d'idées fixes, il n'y a qu'anecdotes et médiocrités. Le génie, c'est d'avoir une idée fixe. L'obsession d'un fantôme dont on retrouve partout la trace.

C'est la certitude du trait, de la touche, en dehors de toute signification symbolique, qui est donc le premier signe du génie. Car d'abord le génie a la certitude enracinée de ses obsessions. C'est une force sans repentir. La franchise dans l'arbitraire ; la constance des affirmations ; l'unité par la répétition.

En somme, l'étude de l'art par l'intérieur revient bien plus à une étude des idées fixes des grands artistes, qu'à aucune recherche des racines sociales de leurs œuvres. Il n'y a d'esthétique que par la psychanalyse comprise dans un sens extrêmement large.

Puissance explosive de leur vision intérieure, puissance de cette impitoyable obligation d'informer plus complètement, de déformer plus totalement le plus grand nombre d'objets et d'êtres. En somme le pouvoir de métamorphoser. - Le grand créateur fait le monde à l'image de sa merveilleuse erreur. Le monde illustre sa hantise. Il lui impose l'unité de son tyrannique tourment.

L'unité du monde du Titien est dans la palpitation de sa lumière. Elle anime chaque reflet d'une armure, tous les poils d'un chien, la pierre même du tombeau du Christ. La sensualité est secondaire. Sa passion de la lumière Monde l'emporte sur toute autre.

Quand on a enfin saisi ce chant des profondeurs, on s'éloigne moins des images qu'il a peintes parce qu'elles a raient charnelles, qu'on ne s'y abandonne parce qu'on les trouve pétries d'une clarté crépusculaire et d'une chaleur de jour d'été. Titien est l'empereur des peintres. Sa grandeur en moi ne cesse de croître. Peut-être me dirai-je un jour qu'il est le plus catholique.

Vélasquez n'a point une telle passion. Il n'a nulle passion que celle de la pureté. C'est un esprit qui ne songe qu'à s'élever. Toutes ses figures se dressent, verticales. Rien ne pèse. Un tel art symbolise l'idée même de l'ascèse. Mais la joie de vivre lui est inconnue.

Seul, son Christ, suspendu entre le ciel et la terre, est une condensation immuable et comme la concentration de la lumière. Autour de ce soleil ses autres personnages ne tendent qu'à grandir, à monter. Ce que le Greco a réalisé spontanément, à force de foi, toutes les lignes chez Vélasquez le suggèrent, mais sans jamais quitter la terre, ni rompre leurs attaches. Le Greco peint le mouvement au sein de son essence, quand Vélasquez c'est l'effort d'un esprit qui tend.

Mais entre le Greco, Titien et Vélasquez, l'action de la pensée chrétienne mesure sa puissance à se diversifier.

Le Greco marque l'explosion des formes en leurs éléments de lumière intérieure ; comme Titien leur imprégnation par la lumière du monde. Les Espagnols extraient l'amour du fond de leur âme. Les Italiens le reçoivent pour en jouir.

La peinture italienne est circulaire. La peinture espagnole, verticale.

Certains *toreros* dominaient si nettement la bête, et par le simple ascendant de leur placidité, que c'était admirable de voir aux prises leurs forces opposées : l'intelligence maîtresse de soi, la fureur de la brute.

Et ces hommes se surmontaient avec une telle aisance qu'ils révélaient la grandeur de qui, sur le désordre des instincts, a su imposer son empire.

Le monde entier nous est donné et la surabondante invitation de toutes les sortes de plaisirs. Il s'agit de préférer ceux qui nous permettent de connaître et d'exercer notre âmc.

Deux attitudes se présentent pour un cœur bien né : le total mépris d'une existence qu'on abandonne aux coups d'un sort plein de dangers (mais c'est pour posséder le monde dans l'approfondissement de sa propre puissance. Tel sacrifie son corps dans la mesure où il l'affirme, l'exposant d'autant plus qu'il l'exalte davantage) ; ou d'étouffer l'orgueil au point de ne jamais succomber à aucune de ses invitations.

La possession du monde, ou la fuite. La vie ne souffre pas d'être menée petitement.

La grande leçon des corridas, et d'une manière générale de l'Espagne, c'est une leçon de prodigieuse énergie. Ce pays offre, dans leur suprême développement, les exemples opposés de la vie en Dieu la plus parfaite et de la plus parfaite domination sur les forces physiques.

Entre Sainte Thérèse et [le torero] Bombita, l'Espagne est à chaque instant plus sollicitée qu'aucun peuple à choisir.

Mais, d'un certain point de vue, Sainte Thérèse et Bombita c'est la même chose. La pure expression d'une âme austère sous qui l'univers est plié.

J'aime ce pays où le plaisir s'achète au prix des plus périlleux efforts, pour qui le plaisir même est sanglant.

Nous autres, qui acceptons toutes sollicitations, nous n'existons pas. Un homme ne commence d'être soi, et de vivre, qu'à partir du moment où, s'affirmant contre le monde et soi, il est parvenu à renier sa propre lâcheté.

En face d'Aguerro, de Niño de las Palmas, de Martinez, qui s'amusaient à sentir sur leurs corps les cornes des taureaux et qui, sans même se déplacer d'un pas, offraient à la bête furieuse l'excitation de leur muleta, sur laquelle, plus furieuse, elle fonçait, je me suis senti misérable et comme un corps de mort.

L'appel du couvent se faisait d'autant plus pressant que ces hommes m'offraient une plus essentielle image de leur propre domination sur la création tout entière.

Je ne comprends plus l'intérêt de vivre sans se sanctifier, de durer pour durer.

Mon Dieu, retirez-moi d'un monde où je ne puis être que médiocre, où mes plus forts désirs succombent sous la plus impersonnelle, la plus dégoûtante des veuleries. Puisque cette perfection m'est interdite d'une force physique courbant toutes faiblesses, donnez-moi de me sacrifier à votre gloire dans un accomplissement sans défaut.

Galerie principale du Musée du Prado, années 1920,
avec buste de Goya réalisé par Gaetano Merchi

Francisco de Goya *Les Désastres de la guerre*

Prosper Mérimée *Cervantes*

Francis Carco *Tableau de Séville*

Juan Gris *Au-delà du cubisme*

Maurice Barrès *Greco ou le secret de Tolède*

Édouard Manet *L'Espagne et la peinture*

Prosper Mérimée *Lettres d'Espagne*

Ignacio Gómez de Liaño *Dalí*

Benito Pérez Galdós *Tolède*

Romain Rolland *Voyage en Espagne*

Francisco de Holanda *Parole de Michel-Ange*

Antonio Palomino *Vie de Velázquez*

Giacomo Casanova *Mon séjour en Espagne*

Émile Verhaeren *Impressions d'Espagne*

Miguel de Unamuno *Le chevalier à la triste figure*

Gertrude Stein *Picasso*

Théophile Gautier *Murillo, le peintre de Séville*

Federico García Lorca *Grenade*

Francisco de Goya *Les Caprices*

Élie Faure *Velázquez*

www.casimirolivres.com

D.L.: M-25947-2024
Imprimé en Espagne